OUR SOLAR SYSTEM

Nuestro sistema solar

Richard Tan

🍎 **Rosen**
Classroom
New York

The sun, Earth, and moon are all part of the solar system we live in. There are eight planets in our solar system.

El Sol, la Tierra y la Luna forman parte del sistema solar en el que vivimos. Nuestro sistema solar tiene nueve planetas.

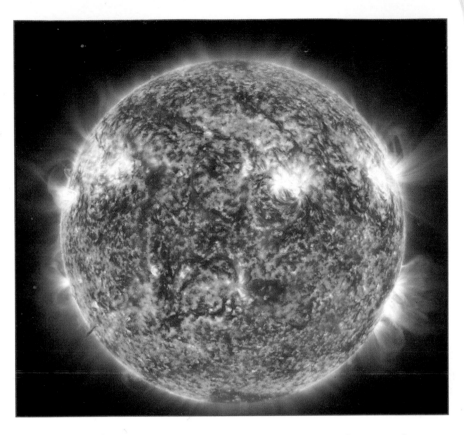

The sun is a star at the center of our solar system. Everything in our solar system circles the sun.

El Sol es una estrella en el centro de nuestro sistema solar. En nuestro sistema solar todo gira alrededor del Sol.

Mercury, Venus, Earth, and Mars are four planets in our solar system that are made of rock. Mercury is the closest to the sun.

Mercurio, Venus, la Tierra, Marte y Plutón son cinco planetas en nuestro sistema solar. Son planetas pequeños y rocosos. Mercurio es el planeta más cercano al Sol. Plutón es el más lejano.

Saturn, Jupiter, Uranus, and Neptune are the largest planets in the solar system. They are made of clouds and gases. Jupiter is the largest planet in our solar system, and Saturn is known best for its beautiful rings.

Saturno, Júpiter, Urano y Neptuno son los planetas más grandes del sistema solar. Están hechos de gases y hielo. Júpiter es el planeta más grande en nuestro sistema solar. Es fácil reconocer a Saturno, con sus grandes anillos.

Earth is the third planet from the sun. It takes 365 days, or one year, for Earth to travel around the sun.

La Tierra es el tercer planeta en nuestro sistema solar. La Tierra tarda 365 días para viajar alrededor del Sol. Esto es un año.

Earth has many layers. The first layer is the inner core, which is in the center. The next layer is the outer core. Around the outer core is the inner mantel and then the outer mantel. Around the mantle is another shell called the crust, which is what we live on.

La Tierra tiene muchas capas. La primera capa es el núcleo interno que se encuentra en el centro. La segunda es el núcleo externo. Alrededor del núcleo externo está el manto inferior, y luego el manto superior. El manto superior lo cubre una capa llamada corteza terrestre que es donde vivimos.

There are eight planets, one sun, and many moons in our solar system. Can you name the eight planets in our solar system?

Nuestro sistema solar tiene nueve planetas, un sol y muchas lunas. ¿Recuerdas el nombre de los nueve planetas en nuestro sistema solar?